AF448439

La Phrase Magique

Edmond Nanoukon

CIP a Camerei Naționale a Cărții

Nanoukon, Edmond.

Nanoukon, Edmond.

La Phrase Magique / Edmond Nanoukon. – Chișinău : Generis Publishing, 2020 (Print on demand). – 57 p.

ISBN 978-9975-154-35-2.

24-29

N 20

Cover image: www.unsplash.com/photos/2P6Q7_uiDr0

Generis Publishing
Online orders: www.generis-publishing.com
Orders by email: info@generis-publishing.com

Prologue :

Pourquoi cette brochure ?

Il y a quelques années de cela, j'avais suivi le DVD « le Secret », une opportunité que m'avait offerte Emmanuel Guidibi, fondateur de la Société d'Expertise Afrique Conseil. Ce DVD m'a ouvert les yeux sur les possibilités de richesses qui s'offraient à moi et à tout être humain. Avant cette séance de formation, je ne savais vraiment pas comment résoudre mes soucis financiers qui ne faisaient que s'accentuer au jour le jour. J'allais à l'Eglise, je priais, je suivais des cours de développement personnel. Je lisais beaucoup, mais j'étais désespérément pauvre.

Depuis cette formation, j'avais décidé de devenir riche car j'avais compris qu'être riche était une question de décision. Cependant, ma conscience n'était pas tranquille. En effet, je me trouvais partagé entre mes principes religieux où il ne fallait pas rechercher les biens matériels mais plutôt se concentrer sur Dieu. Car être chrétien et penser à l'argent jusqu'à se voir vivre dans l'abondance est perçu par mon entendement comme donner son âme au diable.

Après avoir eu l'information, j'ai dû passer plusieurs années avant d'avoir la paix intérieure et comprendre que la richesse est légitime et que Dieu ne serait pas fâché contre moi si je décidais d'appliquer mon intelligence à la création de richesses. J'ai lu plusieurs livres dont « La Science de Richesse en 12 leçons » de Wallace Wattles, « Le système Clé Universelle de Succès » de Charles Haanel pour ne citer que ces deux plus importants. J'avoue avoir obtenu quelques résultats. J'ai même commencé par gagner un peu plus d'argent qu'avant. Mais il y avait trop de périodes de vaches maigres encore. J'ai l'impression que certains éléments me manquaient. Je tâtonnais encore. Le flot de mes revenus n'était pas continu. Dans la même période, je donnais des causeries de développement personnel à un groupe de jeunes gens.

Lorsque nous avions lancé cette série de causeries avec mon amie et Coach L.D, je m'y rendais en voiture. Mais au bout de quatre mois, mon véhicule a eu une importante panne moteur et j'ai dû le garer. J'ai commencé par faire recours aux taxis pour mes déplacements... Au bout du rouleau et financièrement asséché, j'ai fini par convaincre mon amie que nous devrions arrêter ces formations. En réalité, je me sentais mal à l'aise d'enseigner le développement personnel à d'autres personnes tandis que moi-même j'étais incapable de réparer ma voiture et d'avoir un minimum de revenu financier.

J'ai prié. Oui, J'ai demandé à Dieu de me montrer une méthode sûre, scientifique, efficace qui me permettrait de créer la richesse, une méthode aussi sûre et certaine que 1+1=2. J'étais convaincu que créer la richesse était une science exacte et que l'on ne devrait pas tâtonner, comme si devenir riche est un hasard ou un privilège réservé à certains chanceux ou à certains cercles ésotériques. J'étais sûr et convaincu au fond de moi qu'il y avait une méthode certaine qui mise en pratique permettrait à n'importe quel homme, du paysan au fonctionnaire, de l'artisan à l'ingénieur, quelle que soit la couche sociale de l'individu de passer d'un état révoltant de misère à un état acceptable de prospérité.

Pendant les cinq années qui ont suivi, j'ai acheté pour plus de 2000 euros de livres, audios, vidéos dont le marketing annonçait qu'ils contenaient le secret ultime pour la richesse et le bonheur. Il y en avait de tous les goûts :

- de la musique instrumentale dont l'écoute régulière débloquerait certaines parties du cerveau en relation avec la création de richesses
- des affirmations précises à répéter un certain nombre de fois dans la journée
- des méditations précises à faire dans certaines conditions
- etc.

Le dénominateur commun à toutes ces méthodes était le contrôle des pensées. Il fallait penser le plus longtemps possible à ce qu'on voulait.

Il m'a fallu un changement radical dans la façon de penser à l'argent. J'ai compris que la taille de nos rêves et notre foi étaient les deux principaux freins qui empêchaient ceux qui avaient suivi le DVD « Le Secret » ou des formations ou encore ceux qui ont lu des livres de développement personnel d'obtenir de bons résultats sur le plan financier.

En effet, après avoir suivi « Le Secret » et lu d'autres livres, on a de grands rêves et une personne qui gagnait, par exemple, cent cinquante mille F le mois se met à rêver d'un revenu mensuel de cinq millions – celui qui roulait une vieille moto se met à rêver de rouler en Porsche ou encore d'habiter dans une grande villa du quartier le plus chic de la ville et voyager tous les jours en avion.

Il est vrai qu'il faut avoir de grands rêves. Mais qu'à dit Jésus ? Il a dit : **Demandez. Croyez que vous l'avez reçu et vous le verrez s'accomplir.** Le « croyez » est très important ici. Si vous n'y croyez pas, vous n'aurez pas. Il est dit que dans certaines villes, Jésus n'avait pas réalisé beaucoup de miracles car les gens n'avaient pas la foi. Ce qui veut dire que même Jésus a eu des échecs dans ces guérisons. Mais ces « échecs » étaient dus au manque de foi des malades.

Comment ce manque de foi agit-il contre nos intérêts en ce qui concerne l'argent et la taille de nos rêves ?

Eh bien, celui qui est habitué à gagner cent cinquante mille par mois et qui rêve de passer du jour au lendemain à deux, trois ou même cinq millions F comme revenu mensuel, il est clair que celui-là n'y croira pas en lui-même. Il va en rêver. Certes. Mais une petite voix dans sa tête lui demandera à chaque fois : y crois-tu vraiment ? Et sans la foi, la chose ne peut donc pas se manifester.

La question est donc comment y croire ? Et presque personne n'a eu la réponse ou la bonne approche pour répondre à la question de la foi. Dieu merci, quelques auteurs en ont parlé. Ils ont enseigné des méthodes, mais très peu les ont écouté. J'ai eu la chance que l'esprit divin m'ait mis sur le chemin de ces connaissances, sur le procédé exact pour franchir un cap « supérieur » sur le plan financier. Je l'ai expérimenté depuis presque trois ans et j'en suis heureux. Plusieurs personnes avec qui j'ai partagé ces connaissances et qui les ont vraiment mis en pratique ont été surpris par les résultats.

Mais je vous avertis. La méthode que j'appelle « La phrase magique » est si simple et si banale d'application que vous risquez de ne pas y croire. C'est l'Ecole Française de la Métaphysique Thérapeutique qui a pour la première fois émis l'idée de résumer nos désirs en une seule phrase. La méthode est renversante et renversée. Elle ne respecte aucune norme de procédés humains. Elle est à l'encontre du bon sens, à l'opposé du « tu mangeras à la sueur de ton front ». C'est une méthode si simple que vous risquez ne pas comprendre la quintessence la première fois qu'on vous l'explique. Car tellement vous vous attendiez, peut-être, à quelque chose de complexe. La vie est belle parce qu'elle est simple.

L'effort à fournir consiste à mettre vos anciennes certitudes de côté, ne serait-ce que le temps de lire cette petite brochure et de pratiquer les conseils donnés.

Que perdez-vous à essayer? Si vos anciennes connaissances étaient si efficaces, vous ne serez certainement pas en train de lire cette préface, à moins que ce soit dans le cas de vos recherches estudiantines.

Le meilleur dans tout ceci est que cette méthode que j'ai nommé « La phrase magique » fonctionne non seulement avec l'argent mais aussi avec la santé, le bonheur, le chômage, la stérilité, les relations humaines, les études, etc. Cette méthode est aussi vieille que le monde et elle est entre vos mains aujourd'hui. A votre tour d'écrire votre phrase magique.

I- Préparation

Avant de commencer la lecture et pour en tirer le meilleur profit, je partage avec vous cet avis de Wallace Wattles, un des Pères fondateur de la nouvelle pensée.

« Débarrassez-vous du dernier vestige de l'ancienne idée que la pauvreté est la volonté de Dieu et qu'en restant pauvre, vous faites la volonté de Dieu et vous préparer pour le Paradis.

Si vous fixez votre attention sur l'apparence de la pauvreté, la pensée-forme de la pauvreté s'installera dans votre esprit. Pour éviter que cela se produise, concentrez votre pensée sur la vérité que la pauvreté n'existe pas, que seule l'abondance est réelle.

Garder la pensée de la santé lorsque vous êtes entouré par les apparences de la maladie, ou celle de la richesse au beau milieu des apparences de la pauvreté, exige un pouvoir considérable; mais celui qui développe ce pouvoir devient MAITRE DE L'ESPRIT. il peut maîtriser son destin ; il peut obtenir ce qu'il désire.

La seule manière d'acquérir ce pouvoir est de saisir la réalité fondamentale cachée derrière toutes les apparences. Cette réalité est la Substance universelle intelligente, de laquelle et par laquelle toutes les choses sont faites. »

« Wallace Wattles »

II – LES POSTULATS DE BASE

Postulats de base pour mieux comprendre la loi de l'attraction

Vous êtes peut-être habitué à la façon classique dont les religions et les traditions présentent Dieu, l'homme et la nature.

Mais pour tirer le meilleur profit de nos enseignements, vous allez devoir apprendre à voir les choses autrement. Nos cours sont basés sur la métaphysique. La Métaphysique est une science qui amène l'homme à voir au-delà des apparences de la matière, de la dualité (bien et mal) si chère à certains courants de pensées.

L'approche de la métaphysique est complètement différente de l'approche de la Religion ou des dualistes qui voit deux forces opposées en présence dans la nature. La métaphysique ne connaît qu'une force, une seule réalité - Le Bien.

En accordant votre confiance aux postulats suivants et en agissant conformément à eux, sans doute ni hésitation, vos résultats seront la preuve qu'ils sont vrais.

1 - Tout est Un et Un est tout. C'est la théorie moniste de l'univers qui stipule qu'une seule et unique substance se manifeste à travers l'apparente diversité et multiplicité des formes du monde matériel. Certains appellent cette seule substance Dieu, ou Allah, ou mahou, ou Yawhé.

2 - Tout ce que nous voyons sur terre est fabriqué de l'Unique Substance Originelle de laquelle toutes choses procèdent

3 - Toutes les choses sont issues de cette seule substance intelligente qui, dans son état originel, imprègne, pénètre et remplit tout l'univers. « Wallace Wattles »

4 - Une pensée, imprimée dans cette substance, produit l'objet correspondant. La substance prend la forme selon la demande mentale. Les pensées forment le moule ou la matrice à travers laquelle la substance s'exprime et prend forme. « Wallace Wattles »

5 - L'homme imagine des choses dans son esprit, et, en imprimant consciemment ses pensées dans la substance créatrice il provoque la création des objets correspondants (maison, famille, diplômes, richesses, voitures, toutes sortes de possession ou état d'esprit, santé, etc). « Wallace Wattles »

6 - Votre subconscient est le centre qui vous relie à l'universel. Le subconscient ne raisonne pas, il réagit à vos ordres sans discuter. Si vous êtes obsédé par des pensées de peur, de pauvreté, de maladie, de dettes, etc, le subconscient fera tout pour vous fournir davantage de ces choses. Si au contraire vos pensées sont celles de courage,

richesse, abondance, santé, de bien-être, de beauté, de progrès, le subconscient fera également tout pour vous fournir plus de ces choses.

7 - La loi d'attraction est la plus puissante de toutes les lois naturelles. Elle stipule que dans l'univers, les semblables s'attirent **et que les choses que vous voulez vous veulent aussi,** et sont à votre recherche, autant que vous êtes à leur recherche. La loi de l'attraction se résume par le fait que vous attirez à vous les choses sur lesquelles reposent vos pensées. (qu'elles soient positives ou négatives).

8 - Pour vite obtenir les choses, il faut avoir une obsession magnifique, un désir ardent et brulant de les avoir.

9 - En vérité, en vérité, je vous le dis: si un homme ne nait de nouveau, il ne peut voir le royaume de Dieu.

10 - Naître de nouveau, c'est reconnaitre être né de l'Esprit. « Micheline Adjovi »

11 - Naître de nouveau c'est savoir que tout ce que l'Esprit infini a créé est bon. Très bon. « Micheline Adjovi »

12 – Naître de nouveau, c'est comprendre votre nature divine et savoir que vous êtes de la même espèce que Dieu. « Micheline Adjovi »

13 - Naître de nouveau c'est réaliser qu'il n'y a qu'une seule Source dont tout vient et vers laquelle tout repart. « Micheline Adjovi »

14 - Naitre de nouveau c'est se donner la confiance et projeter souverainement l'image de l'idéal voulu et souhaité dans votre esprit et puis vivre comme si c'était la réalité dans le présent. C'est cela agir avec autorité et mettre la loi en branle. « Micheline Adjovi »

Lorsque vous êtes sous la pression des difficultés, tournez-vous vers les postulats de base.

III- LE PRINCIPE DE LA PROGRESSION DANS LE PROCESSUS DE CROISSANCE.

Une image vaut mieux que mille mots. Je vais donc illustrer cette partie par deux histoires vraies :

Première histoire : l'homme qui multiplia son salaire

1. Un homme que je connais gagnait deux cent vingt mille francs par mois. Cela suffisait à peine pour couvrir tous ses besoins qui s'élevaient tout compte fait à un minimum de cinq cent mille Francs le mois. Il a découvert la leçon sur la phrase magique et l'a expérimentée. Il a appris qu'il pouvait obtenir tout ce qu'il voulait de la vie mais à condition d'y croire.

Il se fixa comme premier objectif dans sa phrase magique de gagner le double de son salaire, soient quatre cent mille francs . C'était un objectif raisonnable, auquel il croyait. Au bout de cinq mois, ses revenus mensuels avaient atteint les trois cent quatre-vingt-dix mille francs.

Encouragé par ce premier résultat, il réécrivit sa phrase magique en multipliant par deux. Il atteignit les Huit cent mille francs de revenus au bout de 6 mois. Il décida à nouveau de multiplier par deux et six mois plus tard, les un million six cent mille francs étaient atteints.

Voilà un homme qui partit de deux cent vingt mille francs le mois se retrouve à un million six cent mille francs au bout de dix-sept mois, soit à peu près une période d'un an et demi.

Cet homme avait suivi le CD Le Secret et s'était fixé comme objectif dix ans plus tôt d'avoir un milliard dans son compte bancaire. Pendant dix ans, il ne fit que tourner en rond. Mais avec le principe de la progression, il a atteint des résultats probants en 1 an et demi. S'il continue sur cette lancée, voici ce qu'il aura :

- Période 1 – Période 2 : quatre cent mille (400.000)

- Période 2 – Période 3 : Huit cent mille (800.000)

- Période 3 – Période 4 : un million six cent mille (1.600.000)

- Période 5 – Période 6 : trois million deux cent mille 3.200.000

- Période 7 – période 8 : Six million quatre centre mille francs (6.400.000)

- Période 8 – Période 9 : Douze million huit cent mille : (12.800.000)

- Période 9 – période 10 : vingt-cinq million six mille francs (25.600.000)

- période 10 - Période 11 : cinquante et un million mille deux cent mille (51.200.000)

- Période 11 – Période 12 : cent million deux et quatre cent mille (102.400.000)

- Période 12 – Période 13 : deux cent million huit cent mille (204.800.000)

- Période 13 : Période 14 : quatre cent neuf million six cent mille (409.600.000)

- Période 15 – Période 16 : huit cent dix-neuf millions 819.000.000

La croissance s'accélère à une vitesse exponentielle dès la 10ème période.

La durée d'une période peut être de 5, 6, 10 ou 12 mois, ça dépend de vous. Mais s'il avait connu ce principe de la croissance progressive plus tôt, il serait déjà milliardaire.

Les cours de développement personnel vous enseignent de rêver grand, mais il y a des étapes à franchir. Avant de devenir milliardaire un jour, vous devez gérer les besoins quotidiens pressants tels que le loyer, les factures, le déplacement, mettre de la nourriture décente sur la table, l'habillement, la communication, la santé, les études, la famille, etc. Avec le principe de progression, vous commencez à régler les problèmes quotidiens urgents ou organisés par priorité, et chaque problème résolu vous rapproche de votre grande obsession magnifique qui est le milliard de Francs pour l'homme de notre exemple. Le but le plus important est le problème que vous avez sous les yeux tout de suite.

Ne soyez pas étonné par le principe de la progression – elle est spirituelle. Dans la parabole des talents, celui qui a reçu deux talents l'a multiplié par deux pour en faire quatre – le second qui a reçu cinq l'a fructifié en dix. Ils ont tous multiplié par deux. Vous pouvez y croire, ça marche.

Seconde histoire : le jeune homme pauvre qui devint propriétaire. (par Wallace Wattles)

Un pauvre jeune homme a appris qu'il devait créer une image mentale claire des choses qu'il désire afin d'imprimer sa vision dans substance créatrice. C'était un homme pauvre qui vivait en location et vivait uniquement de ce qu'il gagnait au jour le jour et il ne parvenait pas à saisir le fait que toute l'abondance lui appartenait. Ainsi, ayant bien réfléchit, au problème, il décida qu'il pouvait raisonnablement demander un nouveau tapis pour son salon et un poêle pour chauffer la maison en hiver.

En suivant les instructions de ce programme, après quelques mois, il obtint, en effet, ces choses et c'est alors qu'il lui vint à l'esprit qu'il aurait pu demander plus. Il arpenta de long en large la maison qu'il louait et fit le compte de toutes les améliorations qu'il aimerait y apporter ; il ajouta mentalement une baie vitrée par-ci et une chambre par-là, jusqu'à ce qu'il compléta l'image de sa maison idéale ; puis il imagina son ameublement.

Tout en gardant cette image complète dans son esprit, il commença à vivre d'une certaine manière et il avança vers le but désiré. Maintenant il possède sa propre maison et il l'arrange conformément à sa vision mentale. Et il sait aussi, qu'avec une foi encore plus grande, il obtiendra plus encore. Il a reçu selon sa foi, et cela est valable pour moi, pour nous tous.

<u>Et c'est là que réside le secret. Y aller progressivement.</u>

Tous vos besoins sont urgents, mais choisissez les plus prioritaires et visualisez leur manifestation.

Ne faites pas attention au reste.

Lorsque les premiers seront satisfaits, passez aux suivants.

Avant de vous en rendre compte, tous les besoins et problèmes que vous trainiez depuis des années auront été solutionnés et vous serez mieux armés pour la suite.

Vous rêvez de vivre dans une résidence d'un quartier huppé dans quelques années, mais pour le moment, commencez à visualiser les améliorations de votre modeste maison, en termes d'ameublement, de décoration, confort, luminosité, etc. avant de vous en rendre compte, la nature elle-même se chargera de vous déplacer de votre vieille demeure en vous disant : « C'est bien, bon et fidèle serviteur; tu as été fidèle en peu de choses, je te confierai beaucoup; entre dans la joie de ton maître » (Mathieu 25 :23).

IV - LES TROIS MANIERES DE DEMANDER CE QUE NOUS VOULONS

Prenons l'exemple d'une personne qui subit actuellement une grosse pression financière avec des dettes, des factures, la scolarité des enfants, sa santé, le loyer, et divers autres engagements qui s'accumulent et qui sont pressants. Il y a trois manières pour cette personne de s'y prendre. Elle peut :

- <u>Demander un montant précis</u>, spécifique du genre : je veux 100.000, 300.000, 500.000, 1.000.000, 2.000.000, 3.000.000 F ., etc.

Pour un débutant en science du mental, c'est le meilleur moyen de commencer. Un montant précis permet d'avoir un point d'ancrage. La pression financière est parfois telle qu'il faut se concentrer sur un chiffre précis pour se sentir mentalement actif, concentré sur un objectif quantifiable et mesurable. La personne a besoin de ces petites démonstrations de débutant pour affirmer sa foi et sa confiance dans la loi. Mais vous devez fixer un montant précis avec lequel vous vous sentez à l'aise, en y pensant, vous devez y croire

2- <u>Avoir une approche générale du genre</u> : Je veux juste un peu plus d'argent pour gérer les besoins, sans fixer de montant spécifique. La demande et la visualisation dans ce cas sont orientées vers la résolution du problème d'argent dans sa globalité. La personne émet le vœux d'avoir assez d'argent pour relâcher la pression financière.

Cette approche est bien pour les personnes expérimentées, qui ont déjà fait plusieurs démonstrations et savent restées positives quelle que soit l'apparente difficulté de la situation. Elles savent que tout finit toujours par s'arranger. C'est déjà du progrès dans le parcours spirituel.

3- <u>Travailler sur son ressenti</u>, en disant : Je veux tout simplement me sentir financièrement libre, financièrement en sécurité, financièrement détendu.

Ici la personne veut juste se sentir bien, en ce qui concerne les finances – sans fixer aucun montant précis.

Ceci est l'approche des personnes très expérimentées avec la Loi - des personnes qui ont déjà une certaine base financière et qui veulent maintenant une situation financière complètement équilibrée et sécurisée.

Pour résumer, les trois méthodes sont donc premièrement la précision (un montant précis) – Deuxièmement rester général , sans un montant précis (vouloir juste un plus d'argent pour faire une certaine chose) – Troisièmement travailler sur un ressenti (Je veux me sentir financièrement libre, sécurisé, confiant, etc.)

Conseils :

1. Ne mettez surtout pas une limite de temps sur vos demandes. Si le temps arrive et que la chose demandée n'est pas obtenue, cela engendre de la frustration et la situation s'empire.

2. La balance de l'équilibre du travail stipule que les choses que vous obtenez dépendent à 99,99% de la qualité de vos pensées, de vos ressentis. Ce sont eux qui donnent de la puissance d'attraction à l'aimant que vous êtes – le travail, l'effort physique, vos compétences, votre situation actuelle comptent seulement pour 0,01% dans l'obtention des choses demandées. L'univers réagit donc plus à votre état d'esprit, à vos pensées qu'à votre débauche d'énergie physique.

L'univers ne cherche pas à savoir si vous avez un travail, une activité, des parents fortunés, une entreprise, etc. avant de vous donner les choses que vous demandez.

<u>L'univers vous donne selon vos pensées.</u>

Certaines personnes peuvent se demander pourquoi nous parlons autant d'argent et surtout pourquoi j'ai pris l'argent pour illustrer les 3 Manières de demander. Alors parlons en :

1- Dans nos enseignements, nous avons fait l'option d'avoir un rapport décomplexé avec l'argent. Dans la société et les religions, il existe une hypocrisie générale par rapport à l'argent et au sexe – pourtant ce sont les deux choses qui font le plus courir l'humanité. Mais les gens ne savent pas comment gagner l'argent et ils en ont alors fait un sujet tabou. Ils ne savent pas comment enseigner le sexe et ils en ont fait un sujet tabou également, pire un péché. Mais à l'Ecole du Développement Intégral de l'Homme, nous sautons les verrous des tabous et nous parlons de tout avec bienséance.

2. L'homme qui veut croître dans le domaine de la spiritualité doit rapidement assurer son indépendance financière. Sans la paix du cœur par rapport à l'argent, vous ne serez pas utile aux autres et peu de personnes vous écouteront. Le jeune homme ou la femme riche a plus de respect dans sa famille que le vieux pauvre. (Mais ça peut se discuter 😄😄😄)

3- Un verset de la Bible a déclaré que l'argent est la racine de tous les maux. Mais, il est nécessaire de replacer ce verset dans son contexte. L'argent est la racine des maux pour ceux qui tuent, volent, mentent, maltraitent les autres pour l'avoir. Ici à l'EDIH, nous apprenons les valeurs positives. Et à partir de notre Ecole, vous comprenez finalement que c'est le manque d'argent qui est la racine de tous les maux. En effet, le manque d'argent entraine :

a. des disputes dans les couples,

b. le stress qui engendre la plupart des maladies,

c. l'insomnie qui engendre beaucoup de maux,

d. de mauvaises conditions de vie qui engendrent beaucoup de maladies,

e. le vieillissement et des rides prématurées,

f. le manque de confiance,

g. le manque d'autorité dans la petite famille,

h. l'impossibilité d'offrir aux enfants la vie qu'ils méritent,

i. l'impossibilité de suivre de hautes études,

j. l'impossibilité de profiter de la vie,

k. l'impossibilité de bien adorer Dieu (on lui crie plus dans les oreilles que l'adorer ☺),

l. etc.

4. L'argent est fait de matière (papier ☺) autant que la maison ou la voiture ou la moto que vous visualisez si facilement. Pourquoi alors avoir autant de complexes à visualiser l'argent ?

Sur le plan physique, je répète, l'argent n'est que du papier. Alors libérez-vous et visualiscz la quantité de billets qui vous fait vous sentir à l'aise et pour laquelle vous n'avez aucun doute de l'avoir.

5. La Bible dit (Proverbes 18.11): La fortune du riche est sa forteresse. Dans son imagination, elle est comme une haute muraille. Eh oui, la richesse est une forteresse mentale tant que le riche est humble et donne toute la gloire à Dieu.

6- Mon oncle dit souvent ; je préfère avoir l'argent pour régler les problèmes que d'avoir les problèmes et pas d'argent pour les régler.

Pour finir avec la petite réflexion sur l'argent entamée précédemment, je vous dirai que : **ce n'est pas toujours une question d'argent.**

Témoignages : Une dame, qui gagnait a peine le SMIC vivait seul avec son unique fils dans un quartier pauvre. Le fils commença à subir l'influence de mauvais amis dans le quartier. La dame commença alors à nourrir l'envie d'aller vivre dans le quartier le plus riche de la ville, certainement que là-bas, son fils sera à l'abri des mauvaises influences, se disait-elle.

Son salaire était beaucoup trop petit pour rêver de louer un appartement dans le riche quartier de la ville. Néanmoins, elle souhaitait aller vivre là-bas. Elle commença alors à visualiser sa vie et celle de son fils dans ce beau quartier. Elle partagea son projet avec une amie en qui elle avait confiance. Cette amie était en relation avec un riche écrivain qui avait une maison dans le quartier riche mais n'y séjournait que très peu, au plus 3 mois dans l'année. L'écrivain ne souhaitait pas louer sa maison, mais il recherchait une personne responsable qui pouvait vivre dans la maison, gratuitement, à condition d'en prendre soin. L'amie de la dame lui fit la proposition de l'écrivain. La dame sauta sur l'occasion et s'installa dans la maison de ses rêves avec son fils avec zéro Franc comme loyer.

Ce n'est pas toujours une question d'argent ou statut social. C'est de se mettre en relation par nos visualisations et nos sentiments avec le Grand Radar Universel qui sait comment nous connecter aux choses et aux personnes qui ont ce que nous désirons.

Voici un autre témoignage me concernant personnellement. Il m'arrivait souvent que je me demande si je pouvais décemment continuer à nourrir correctement ma famille. Les revenus étaient faibles et les charges énormes. Sans me laisser néanmoins décourager par la situation financière, je commençai à visualiser ma famille à table, avec beaucoup de mets variés sur la table et tout le monde déjeunant ou dînant dans la bonne humeur. Je visualisais le frigo et les placards de la cuisine remplis de provisions. Je fis cette visualisation pendant plusieurs jours. Je ne sais plus comment les choses se sont déroulées, mais je me souviens juste qu'à un moment donné, nous avions tellement de provisions que les placards étaient pleins et que nous avions dû acheter un second réfrigérateur car le premier ne pouvait plus contenir toutes les courses.

Demandez l'argent si vous êtes plus à l'aise à le demander ou encore demandez simplement les choses que vous souhaitez. S'il faut de l'argent pour les acquérir, l'univers vous fera parvenir l'argent qu'il faut – mais vous pouvez aussi recevoir les choses autrement comme dans le cas de la dame. Il faut savoir laisser l'univers faire le meilleur choix pour nous.

Comment savoir quel principe adopter ? demander l'argent ou visualiser les choses tout simplement?

La phrase magique répond à ces questions. Nous allons clarifier tout cela dans le chapitre suivant. Ne soyez surtout pas troublé en votre esprit. Restez Zen et confiant.

Ce n'est pas toujours une question d'argent. C'est une question de ressentis avant tout.

V – ECRIRE LA PHRASE MAGIQUE : SES TROIS COMPOSANTES

Comme je l'avais déjà abordé dans les chapitres précédents, nous avons souvent beaucoup de désirs. Je peux lister à tout hasard :

-   Assurer les besoins des enfants en terme de scolarité, loisirs, habillements, argent de poche

-   un Travail décent

-   Salaire/revenus décent (besoin de gagner plus)

-   Des engagements financiers (dettes à payer - tontines)

-   Maison décente/loyer

-   Assurer des repas réguliers et de qualité à la famille

-   Moyen de déplacement

-   Position sociale

-   voyages/vacances

-   Avoir un mari / femme ou améliorer les relations pour ceux qui en sont déjà dans une relation

-   La santé (dans tous les domaines)

- etc.

Si vous devez utiliser la technique de la visualisation pour la résolution positive de toutes ces situations, cela vous fait beaucoup d'énergie mentale à déployer en une journée, c'est beaucoup de visualisations.

Toutes ces vibrations sont bonnes. Mais aucune n'est très puissante et continue pour donner un résultat rapide car votre énergie est dispersée. L'obsession est plus efficace lorsqu'elle est orientée vers un but principal. En mettant un montant égal d'effort sur vingt différentes choses, vous les aurez, mais au bout d'une très longue période. L'idéal est de se focaliser sur une seule chose, une seule obsession à la fois. Mais ce n'est pas facile lorsque tous les besoins sont si urgents.

C'est ici que la structure de la phrase magique nous aide. Elle est comme un Kata (combinaison de mouvements ou phases de combat en art martial). C'est Un ensemble cohérent de souhaits, élaborés et agencés de façon agréable et digeste pour le subconscient.

La structure de la phrase magique intègre trois catégories de désirs. Vous incluez dans la phrase un élément de chaque catégorie :

a - **Catégorie 1** : - Argent - ressources financières – revenus – Chiffre d'affaires – salaire etc.

b - **Catégorie 2** : maison - appartement - voiture - Moto – voyage – toute possession matérielle de grande valeur financière telle que téléphone, ordinateur, habillement, - etc.

c - **Catégorie 3** : bonheur familial - amour - meilleure qualité de vie - santé - succès scolaire, position sociale, etc.

La liste des éléments par catégorie n'est pas exhaustive.

La règle est de prendre un seul élément dans chaque catégorie pour la mettre dans votre Phrase Magique.

Après avoir identifié un élément par catégorie, vous devez arriver à inclure le tout dans une phrase cohérente qui deviendra maintenant votre obsession magnifique. Vous transformerez la phrase en un ensemble cohérent grâce à la visualisation consciente qui est votre manière d'imprimer vos besoins dans le subconscient. En effet, c'est le subconscient qui assure le lien entre l'homme et l'Intelligence infinie.

Voici ci-dessous quelques exemples de phrases magiques. Si vous avez besoin d'aide pour rédiger vos phrases magiques, n'hésitez pas à nous contacter à contact@edih1.com

Exemple 1 : Je suis si heureux et reconnaissant car mes sites e-commerce et services en ligne me rapportent régulièrement une somme de 5.000.000 F net mensuel, tandis que je roule ma belle voiture année 2017 tout en profitant du tendre amour de mon mari/femme.

Exemple 2 : Je si suis heureux et reconnaissant car mes activités me génèrent des revenus réguliers de 700.000 F net /mois tandis que je vis dans un appartement très confortable dans l'un des meilleurs quartiers de la ville et je jouis d'une excellente santé à tout point de vue

Exemple 3 : Je si suis heureux et reconnaissant car mon travail de consultant me rapportent des revenus réguliers de 3.000.000 F net /mois tandis que je suis en voyage 15 jours par mois, tous frais pris en charge et je passe le reste du temps avec ma petite famille dans un bonheur total.

NB : 600 F =$1

VI - LA VISUALISATION - LA VISUALISATION - LA VISUALISATION

Après avoir écrit votre phrase magique, il vous reste un travail importantissime à faire matin et soir et à tout moment de la journée où vous disposerez d'un peu de temps libre pour vous-même.

\-   **Primo**, vous devez écrire la phrase magique sur des bouts de papier, pas plus grand qu'une carte de visite si possible, et les avoir toujours à portée de main – au chevet de votre lit, dans la voiture, dans votre sac à main, dans votre porte-monnaie, dans un tiroir du bureau. Vous devez lire votre phrase magique le matin au réveil et le soir au coucher. Dans la journée, si vous avez un bout de temps, vous devez le lire.

\-   **Secundo**, après l'avoir lu, vous devez fermer les yeux pour deux à cinq minutes et vous voir en train de vivre selon la phrase magique

EXEMPLES :

Prenons la Phrase Magique 3 dans la leçon précédente pour construire un exemple de visualisation qui est comme le déroulement du film de notre vie suivant la Phrase Magique :

Exemple 3 : Je suis si heureux et reconnaissant car mon travail de consultant me rapportent des revenus réguliers de 3.000.000 F net /mois tandis que je suis en voyage 15 jours par mois, tous frais pris en charge et je passe le reste du temps avec ma petite famille dans un bonheur total.

Après la lecture, la personne ferme les yeux et se voit en réunion, bien vêtu d'un costume ou tout autre habillement qui convient à une réunion d'experts. Il voit une salle pleine de personnes qui l'écoutent attentivement tandis qu'il expose sur un sujet précis. Il voit son nom inscrit sur un écriteau devant lui et portant la mention « consultant principal » en dessous.

Il voit un contrat portant sur une somme importante et qu'il signe de sa main. Il voit son compte bancaire avec un total mensuel de virement correspondant aux trois millions mensuels qu'il s'est fixé. Il se voit retirer de l'argent au guichet, compter vraiment des liasses de billets de 10.000F ou 5.000 F , sentir les billets crisser, humer l'odeur de billets neufs sortis de banque et être en train de les mettre en poche ou dans son sac en main.

Puis il se voit recevoir un email l'invitant à aller en mission quelque part dans le monde et le billet d'avion avec date de départ et retour livré dans son email. Il se voit préparer sa trousse de voyage, dire au revoir à sa famille, prendre la route de l'aéroport, faire les formalités d'embarquement en voyant policiers, agents d'enregistrement, etc.

Puis il se voit décoller, voir la ville de haut, vivre le voyage, les aller-retour des hôtesses et stewards, les autres passagers, même les turbulences de l'avion, puis entend le Commandant de bord annoncer l'atterrissage. Il descend de l'avion, récupère ses valises. On le conduit dans un hôtel 5 étoiles. Il prépare ses documents sur son ordinateur. Il se voit rédiger un rapport de mission, recevoir le satisfecit des ses clients, prendre son vol retour et se faire accueillir par sa famille (femme/mari et enfant/s s'il en a déjà).

Puis il se voit au restaurant avec la famille, sur un aire de jeux avec les enfants (s'il en a) ou en sortie galante avec son/sa conjoint(e). Et ensuite, il prend du recul et regarde sa vie avec un grand sourire et dit tout simplement MERCI pour finir.

La visualisation doit être vivante, colorée, peuplée de personnes, de choses. Il s'agit d'un rêve éveillé. Vous devez avoir du plaisir à le faire, avec un sourire aux lèvres, preuve que votre ressenti est positif, car le ressenti est le déclencheur de l'attraction. Si vous visualisez sans émotions positives, comme par contrainte, vous n'aurez pas le résultat escompté.

Durant la visualisation et même pour le reste de la journée, vous devez être dans l'état émotionnel d'une personne amoureuse. Vous devez être amoureux des choses et de la qualité de vie que vous souhaitez, en réalisant une véritable union mentale avec elles, et personne ne pourra vous les arracher car « personne ne doit séparer ce que Dieu a uni ». En effet, dès que vous demandez une chose, vous réalisez l'union avec elle sur le plan spirituel. Elle est déjà à vous, et rien ne peut vous séparer d'elle, à part votre propre manque de foi. En effet, le Christ a dit que « personne ne doit séparer ce que Dieu a uni ». Les ressentis de la visualisation doivent donc être aussi forts que les rêves de la personne amoureuse et obsédée. La personne amoureuse rêve éveillée de la personne qu'elle aime ressent de la joie, de l'excitation physique (hommes et femmes savent quelles parties de leur corps réagissent et comment elles réagissent aux hormones lorsqu'elles sont excitées – moi je ne vais rien dire ici   ).

La visualisation doit procurer des sensations similaires aux parties de votre corps en relation avec chaque phase de votre visualisation. Vous devez prendre du plaisir à visualiser et le faire souvent dans la journée. C'est l'obsession magnifique. C'est un travail mental intéressant lorsque vous comprenez son but. Ne le bâclez pas. C'est là une bonne partie des 99% mentaux qui vous attirent les choses voulues.

Pour être efficace, la lecture et la visualisation doit durer un minimum de 31 jours continus. Si vous manquez un jour, recommencer à compter à partir de zéro. **ET SURTOUT, PRENEZ DU PLAISIR A LE FAIRE. C'EST EN FAIT LA VISUALISATION QUI EST VOTRE TRAVAIL PRINCIPAL** car que vous le veuillez ou non, par défaut, à tout moment de la journée, vous ressentez toujours quelque chose et donc vous êtes toujours en train d'attirer quelque chose. La visualisation consciente vous met au contrôle et enlève votre mental et vos émotions du pilotage automatique, dont les effets sont dévastateurs si vous ne savez surveiller vos pensées.

NB : « **L'imagination constructive** est un véritable travail mental que certains considèrent même comme plus dur que n'importe quel autre travail. Mais même si c'est le cas, le travail mental rapporte les plus grands bénéfices car tous les grands accomplissements appartiennent aux hommes et aux femmes capables de penser, d'imaginer et de réaliser leurs rêves ». - **CHARLES HAANEL**

Voilà pourquoi seulement 1% de la population du monde possède 90% de toute la richesse de la terre. C'est parce que les 99% restants sont soit trop paresseux pour utiliser la pensée constructive pour réaliser leur vie, soit ils ne savent même pas qu'il existe une méthode scientifique et mentale, certaine, pour créer de la richesse. Ils préfèrent le travail physique ou intellectuel, etc.

VII – DECOMPOSER LES CHOSES EN IDEES SPIRITUELLES

En métaphysique, vous apprendrez que toutes les choses que vous voyez sur le plan matériel ont leur équivalent spirituel. Le métaphysicien ne se limite donc pas aux formes matérielles, mais il décompose les choses en idées spirituelles, parfaites et positives. Lorsque vous écrivez donc votre Phrase Magique et commencez à visualiser, vous devez aussi vivre comme si vous aviez déjà reçu les choses. C'est ce que le Christ avait enseigné :

1. Demandez

2. Croyez que vous l'avez reçu

3. et vous le verrez s'accomplir

L'Apôtre Paul a dit

1. La foi est une ferme assurance des choses qu'on espère

2. Une démonstration de celle qu'on ne voit pas.

Donc vous devez y croire, vous devez le démontrer avant que les choses ne se manifestent sur le plan matériel. Il faut donc vivre l'esprit de ces choses jusqu'à ce qu'elles soient vôtres. Vivre l'esprit des choses, c'est avoir les mêmes vibrations que les choses elles-mêmes.

Par exemple, voici les idées relatives à certaines choses :

Maison : sécurité, confort, accueil, liberté, plaisir, Harmonic, hospitalité, espace, joie , partage, Amour...

Voiture : Liberté de mouvement, rapidité ou célérité, confort, sécurité, service, assistance,...

Enfant : Amour, joie, sourire, sécurité, protection, éducation, communication (écoute - parole), disponibilité, croissance, ...

Mari/Femme : Amour, patience, compréhension, confiance, attention, respect, gratitude, pardon, câlin, sexualité épanouie, romantisme, écoute, plaisir, communication, équilibre, bonheur,

Voyage : Liberté de mouvement, ouverture d'esprit, accueil, curiosité, dynamisme, assistance, aventure, découverte, émerveillement, surprise agréable, confiance ...

Argent : prospérité, abondance, opulence, rémunération, travail/service, activité, gratitude, don...

Prenons l'exemple de la personne qui veut un mari ou une femme, dont les idées sont (Amour, patience, compréhension, confiance, attention, respect, gratitude, pardon, câlin, sexualité épanouie, romantisme, écoute, plaisir, communication, équilibre, bonheur, etc.). C'est le moment pour cette personne de :

- manifester plus d'amour envers ses semblables,

- être patient/e en toute chose et envers tout le monde

- faire preuve de compréhension dans ses relations humaines et dans les conflits

- avoir confiance envers ses semblables et ne pas être trop méfiant/e et soupçonneux/se

- Faire preuve d'attention et de respect à toutes les personnes impliquées dans sa vie familiale, commerciale, professionnelle ou amicale

- avoir de la gratitude pour tout ce qu'elle reçoit de la nature et des autres.

- Pardonner 7x70 fois par jour comme l'a enseigné le Christ (donc vous ne devez même pas être agacé par quoi que ce soit)

- Etc.

Prenons l'Argent (prospérité, abondance, rémunération, travail/service, activité, gratitude, don, etc.). La personne qui le visualise doit :

Parler et agir comme un personne déjà prospère (susciter envie plutôt que pitié) – habillez-vous, marchez, parlez, vivez comme une personne prospère - que votre entourage vous considère comme prospère.

- Démontrez l'abondance dans sa vie – ne pas se plaindre lorsqu'on doit acheter des choses coûteuses, ne pas être stressé au moment de mettre la main à la poche et ne pas avoir de regrets après une dépense. Faites face à toute situation de dépense comme si vous aviez une réserve consistante d'argent. Le stress lors des dépenses est une vibration négative du «manque». Le subconscient s'arrangera pour que vous n'en ayez pas vraiment.

- Rémunération : Payez le juste prix à toute personne qui travaille pour vous, vous rend un service où dont le salaire dépend de vous. Faites aux autres ce que vous voulez qu'on vous fasse.

- Travail/service : soyez excellent dans votre travail ou service. Donnez-en aux gens (votre employeur, vos clients, etc.) pour leur argent. Si on te demande de faire un kilomètre ; fais en deux de plus. Faites plus que ce qu'on attend de vous. C'est le secret de la promotion et du succès dans les activités

- Gratitude : soyez reconnaissant. Cela vous déstresse et vous met dans un état de réception. Lorsque vous êtes reconnaissant, l'univers cherche à vous en donner plus.

Vivez l'esprit de ces choses jusqu'à ce qu'elles soient vôtres.

Si vous continuez à faire les mêmes choses, vous aurez toujours les mêmes résultats. Si vous n'aimez pas ce que vous avez actuellement, alors faites désormais les choses autrement, d'une certaine manière.

En vivant selon les idées des choses :

1. vous démontrez que vous les avez déjà,

2. vous démontrez naturellement que vous croyez les avoir déjà reçu,

3. vous êtes en plus naturellement positif

4. et vous vibrez sur les mêmes fréquences que les choses voulues.

La manifestation sera accélérée au-delà de vos attentes

VIII – PENSEZ AUTREMENT - AGIR AVEC FOI ET DETERMINATION

Pensez d'une certaine manière et agir avec foi et détermination

L'homme doit passer de l'état d'esprit de manque et de concurrence à un état d'esprit d'abondance et de créativité. Cela veut dire tout simplement que l'homme doit comprendre que tout ce qu'un autre homme possède, il peut le posséder aussi. Personne ne manque de rien dans l'univers du Créateur, car c'est un monde d'abondance ou toutes les choses sont disponibles en grande quantité pour la satisfaction de tous les hommes. N'éprouvez jamais de frustration parce qu'un homme possède quelque chose que vous pensez ne pas pouvoir posséder. S'il arrivait que l'homme ait besoin de quelque chose et que cette chose n'existait pas encore dans l'Univers, alors l'Esprit divin créera cette chose d'une manière ou d'une autre. Napoléon Hill a écrit : **« tout ce que l'esprit de l'homme peut imaginer et y croire, l'homme peut le réaliser »**. Cela rejoint ce que nous écrivions plus haut.

Il n'y a rien que possède une personne et que vous ne pouvez aussi posséder. Il n'y a pas de concurrence ou de manque dans l'Univers de Dieu. Dans la nature, toutes les choses existent à l'état brut et en quantité illimitée pour tous. Vous recevez en fonction de votre capacité à présenter les bonnes moules (bonnes pensées) à l'Univers.

Si vous adoptez cette manière de penser, vous quitterez l'état d'esprit du stress, du manque et de frustration qui entraîne la pauvreté et vous entrerez dans un état d'esprit de paix, d'abondance, de créativité. En effet, vous savez que tout est disponible et que vous devez juste utiliser votre esprit pour créer ce que vous désirez. Rien ne peut désormais vous manquer ou vous frustrer car vous saurez que <u>tout est disponible mais recevoir dépend de vous</u>.

Faire une chose à la fois, avec foi, intention et application.

Nous sommes souvent multi-tâches à cause du stress, de la peur de manquer quelque chose ou de manquer de temps. Mais lorsque vous savez que tout est disponible pour vous, que vous n'avez aucune concurrence à craindre. Votre esprit devient plus calme. Vous travaillez paisiblement et la perfection devient votre objectif en toute chose. Vous savez que vous avez l'éternité devant vous. Si vous possédiez déjà toute la richesse du monde, si vous vivez dans une maison de milliardaire, si on vous disait que vous avez déjà sur votre compte bancaire une somme illimitée et que chaque jour vous pouvez dépenser autant que vous le souhaitez, est-ce que vous vous précipiteriez encore lorsque vous allez vous laver, vous habiller, manger, parler, marcher, travailler, etc. Non bien sûr.

Vous ferez toute chose avec calme et concentration tout en y retirant le plus grand plaisir car vous possédez déjà tout. Plus rien ne vous presse. Vous choisirez avec grand soin vos activités et vous ne courrez plus derrière toutes les rumeurs d'investissement ou d'opportunités.

C'est l'état d'esprit d'abondance qui fait que c'est ainsi. Adoptez cet état d'esprit et votre vie changera du tout au tout. Et lorsque vous vivez et vous comportez comme une personne qui possède déjà tout, la nature elle-même s'ajuste à vos pensées et met toutes les choses à votre disposition. Le grand Maître a dit : **«demandez, croyez que vous l'avez reçu et vous le verrez s'accomplir »**. C'est la foi et l'intention.

Lorsque vous dépassez l'état d'esprit de concurrence, vous n'êtes plus stressé lorsque vous allez chercher du travail car vous savez que des milliers de postes sont disponibles et ce qui est à vous, vous sera attribué assez tôt. Vous ne craignez pas lorsque quelqu'un prend un poste que vous convoitiez car vous n'oubliez pas qu'il n'y a **pas de concurrence dans le monde de Dieu**, donc ce qui est à vous, vous reviendra d'une manière ou d'une autre ou alors vous recevrez quelque chose de mieux. Adoptez cet état d'esprit dans les situations telles que :

- Recherche de travail

- Recherche d'un conjoint

- Préparation d'un dossier d'appel d'offre

- Préparation d'un concours

- Dossier de demande de financement

- Négociation salariale

- Discussion familiale

- Recherche de parcelle ou d'appartement dans une certain quartier

- Votre travail de tous les jours

- Etc.

Mais vous devez garder présent à l'esprit que vous devez **faire toute chose avec application, avec soin**, comme si c'est à Dieu même que vous devez rendre compte. Lorsque vous prenez votre bain, lorsque vous vous habillez, vous mangez, vous écrivez, vous traitez un dossier, vous préparez un dossier d'appel d'offre, vous préparez un examen, vous préparez le repas, vous marchez, vous faites l'amour, etc. faites toute chose avec soin, avec application, avec intention, comme si c'était un service que vous rendiez à Dieu. En pensant à Dieu, vous y mettrez tout votre cœur et toute votre âme.

La qualité de votre travail sera louée par vos vis-à-vis car vous êtes dans le moment présent. Cela élimine naturellement la concurrence.

Voyez-vous, la Loi de l'attraction se résume vraiment à ces quelques points cités ci-dessus et que je reprends ici :

1. « L'homme doit passer de l'état d'esprit de manque et de concurrence pour la possession des choses vers un état d'esprit d'abondance et de créativité.

2. L'homme doit former une image mentale claire et nette des choses qu'il désire

3. L'homme doit accomplir avec foi et intention toutes les petites et grandes choses qu'il entreprend et surtout il doit se concentrer sur une seule activité, une seule chose à la fois. »

« Wallace Wattles »

Et dernier point, croyez que vous allez l'obtenir, que vous l'avez déjà obtenu et agissez comme celui qui possède déjà.

Le subconscient s'ajuste à vos ressentis. Si vous vibrez comme un nécessiteux, il fera tout pour que vous soyez dans le besoin, mais si vous vibrez comme celui qui est dans l'abondance, même si vos poches sont vides, alors le subconscient s'ajustera à votre état d'esprit et fera tout pour vous fournir les ressources nécessaires à un état d'abondance.

Un cas pratique : Comment un balayeur de rue peut-il devenir riche en agissant avec foi et détermination ?

Comment une personne qui a un sous-emploi ou qui travaille dans une petite entreprise sans espoir de croissance peut-il y croire, lorsqu'il fixe de grands montants d'argent, de la valeur de deux à trois fois son salaire actuel dans sa phrase magique et ses visualisations ? comment peut-il vraiment y arriver ?

Le procédé est à peu près le suivant

Premièrement : le comment ne dépend pas de nous. L'homme ne sait pas comment l'eau entre dans la noix de coco. Le seul travail de l'homme est de demander puis de laisser l'univers faire son travail. Chercher à comprendre comment les choses viendront, c'est comme creuser le sable toutes les trente minutes autour de la graine qui a été semée, pour voir comment elle germe. Cette graine ne germera jamais. Le paysan sème et lâche prise. La nature se charge du reste.

Que fait la paysan après avoir semé ? il s'occupe d'arroser, si c'est un jardin maraîcher et d'arracher les mauvaises herbes si c'est un grand champ. L'homme qui demande doit aussi lâcher prise et passer à autre chose et juste rendre grâce à Dieu Chaque fois qu'il y pense.

Deuxièmement : la personne doit faire son travail d'une manière différente, avec Foi et détermination dans le travail qu'il accompli. <u>J'insiste bien sur le fait que le changement commence dans son travail actuel, et non dans un nouveau travail.</u> Le balayeur continue de faire le même travail, mais il le fait avec une autre conscience – il commencera à devenir riche à partir du même travail où il était pauvre. C'est la magie de la visualisation.

La phrase ci-dessus implique de mettre tout son amour, tout son cœur, toute sa passion dans ce qu'on fait. Ce qu'on fait peut être le balayage de rue, la plonge dans un restaurant, conduire une moto taxi, être un tresseuse, un paysan, un cireur de chaussure, un docker, un manœuvre, etc.

En français, on dit à juste titre de mettre le cœur à l'ouvrage – c'est-à-dire mettre du cœur dans son œuvre – mettre de l'amour dans son travail – mettre de la passion dans nos activités. En mettant cette passion dans son travail, le balayeur agit comme s'il était au service de l'Univers, comme si l'univers était son employeur et son payeur. L'univers en effet ne fait pas attention aux diplômes ni aux connaissances intellectuelles. Seules importent l'état d'esprit et les pensées avec lesquelles travaillent la personne. Le travail le plus petit doit être fait comme si c'était un service qu'on rendait à l'humanité toute entière. En continuant ainsi, le balayeur, le cireur de chaussure, etc, va grandir plus que sa place – il va montrer qu'il sait être fidèle en peu de choses, alors le maître de l'univers lui confiera de plus grandes responsabilités. « Son maître lui dit: C'est bien, bon et fidèle serviteur; tu as été fidèle en peu de chose, je te confierai beaucoup; entre dans la joie de ton maître » - Mathieu 25V21.

Voyez-vous, celui qui fait un travail qui semble dérisoire doit y mettre son cœur et se mettre au service de l'univers, en accomplissant cette tâche avec une excellence jamais égalée, car il est au service du Créateur. Et le créateur qui « regarde au cœur » va lui envoyer des opportunités, des personnes, des occasions de grandir et d'occuper de plus grandes positions.

Mais supposons qu'un autre balayeur se rend à son travail tous les jours avec mécontentement – faisant mal son travail – maudissant intérieurement les voitures, les motos, et autres piétons – faisant le minimum possible, pensant à son petit salaire dérisoire qui ne pourra même pas atteindre le 10 du mois, et maudissant le ciel de l'avoir mis dans une telle situation, etc. Eh bien, un balayeur qui est dans cet état d'esprit ne progressera jamais, sera toujours malheureux, finira par tomber malade avec un cœur triste, rempli de haine et de frustration.

Au contraire le premier balayeur qui met de la joie dans son travail, avec la conscience que chaque coup de balai le rapproche de la richesse - sachant que ce n'est pas ce travail qui lui permettra de subvenir à ses besoins mais que c'est plutôt la grande puissance de l'univers qui pourvoit, Hé bien ce balayeur-là prospérera sûrement dans la société. Les opportunités vont fleurir sur son chemin – les surprises agréables surviendront tous les jours dans sa vie – il trouvera toujours une main secourable pour le tirer d'affaire au bon moment.

Aliko Dangoté, Séfou Fagbohoun, Olofindji Babatundé, Edison, Andrew Carnegie, etc. Tous ces hommes devenus riches et célèbres plus tard avaient démarré dans la vie comme colporteurs, vendeurs à la sauvette, petit commis dans un petit bureau, mécanicien, apprenti, etc. Et pourtant, la conscience de la richesse qu'ils avaient en eux, l'amour qu'ils ont mis dans leur petit travail du moment, leur vision qui était tellement grande et dépassait leur petit cadre de travail et d'activité du moment a fini par les porter loin, vers le sommet.

C'est l'Eternel qui bénit l'œuvre de nos mains. <u>Quelque que soit l'œuvre, faites la avec la conscience de la richesse, comme si chaque geste vous procurait déjà toutes les ressources financières et toute l'aisance que vous visualisiez.</u>

Un paysan qui suivra cette méthode s'enrichira sans aucun doute. Ne nous plaignons de rien. Faisons tout pour la gloire de Dieu et cette gloire se manifestera et nous couvrira.

IX – LA GRATITUDE

La gratitude est le fait d'exprimer sa reconnaissance pour un bienfait reçu. Sur le plan religieux, on parle d'actions de grâces. Sur le plan métaphysique, la gratitude ne s'exprime pas par des paroles mais plutôt par les actes et le comportement. Les actes sont parfois à l'extrême opposées des pensées du cœur. Avec la Loi, nous savons que toutes les choses que nous désirons sont disponibles dans l'univers et il nous suffit d'exprimer le désir et de suivre la Loi pour l'obtenir.

Que fait une personne qui entend dire un peu partout que vous parlez bien d'elle, que vous avez une bonne opinion d'elle ? Eh bien cette personne va vous prendre en estime et vous fera encore plus de biens car vous avez marqué votre reconnaissance.

Mais, Dieu n'est pas assis sur un trône, au milieu du ciel, attendant impatiemment nos actions de grâce et nos louanges. La vraie action de grâce, c'est faire du bien à son prochain, redonner aux autres un peu des bienfaits reçus, être reconnaissant pour les bienfaits déjà reçus par le passé et se souvenir de ceux-là lorsque nous demandons de nouvelles choses.

Celui qui est reconnaissant ne ressent ni stress, ni frustration lorsque les choses demandées ne viennent pas au moment où il le souhaite. Il se souvient toujours des bienfaits reçus auparavant, qui sont la preuve que la Loi fonctionne – et par la foi, il reconnaît que si cela avait marché avant, cela marchera encore au présent et à l'avenir.

Vous êtes Un avec la divinité. Donc votre action de grâces doit se tourner vers l'intérieur, vers vous-même. Cela peut vous étonner, mais c'est vous-même que vous devez remercier et louer chaque fois que vous recevez, et à plusieurs titres.

- Primo, vous avez démontré que la Loi fonctionne et est infaillible.
- Secundo vous devenez plus puissant et plus divin à force de pratiquer.
- Tertio vous faites la fierté du Divin car vous devenez un canal par lequel il peut encore mieux s'exprimer car vous avez compris (au milieu de la multitude qui est dans l'ignorance) comment utiliser les pouvoirs qu'Il vous a donné – Vous faites la fierté du Père.

Et que fait un Père satisfait, il en donne plus. Il en montre plus à l'enfant obéissant. Alors faites-vous plaisir et traitez-vous comme le VIP Divin que vous êtes. Habillez-vous comme si vous habilliez Dieu. Parlez comme si c'est Dieu qui parlait. Marchez avec une démarche altière comme si c'est Dieu qui marchait. Déplacez-vous comme si c'est Dieu qui se déplaçait. Arrangez votre domicile comme si c'est Dieu qui y vivait. Que votre présence agissent sur tout ce qui est autour de vous car vous êtes le digne fils du Divin créateur. Avant toute action, parole ou pensée, demandez-vous si c'est digne de Dieu. Faites tout cela à la gloire du Divin créateur, c'est autant d'actions de grâces.

Est-ce digne de Dieu de se mettre en colère ? D'insulter dans la circulation ? De maudire ? De se plaindre de la pauvreté? De se plaindre d'un prochain ? De se décourager ? D'avoir peur ? D'être triste et inquiet pour le futur ? De s'appeler pauvre et misérables ? Jaugez vos pas, vos actes et actes à l'aune de l'unité de mesure divine. Cela demande une vigilance mentale de tous les instants. C'est justement ce que disait Paul Apôtre : Ayez en vous l'entendement qui était aussi en Jésus. Bien représenter Dieu, c'est montrer de la reconnaissance pour qui on est. **S'inquiéter n'est pas de la gratitude**

Lorsque Jésus a dit Demandez – Croyez que vous l'avez reçu et vous le verrez s'accomplir, la notion de gratitude est déjà incluse dans la seconde portion (Croyez que vous l'avez reçu). Si vous croyez que vous l'avez déjà reçu, c'est donc que vous ne demandez plus. Vous manifestez juste de la gratitude. On ne peut en effet recevoir sans exprimer de la reconnaissance. C'est la base de notre éducation. Donc en comprenant bien l'enseignement de Jésus, dès que vous demandez, vous vous mettez immédiatement en état de gratitude, car vous croyez en même temps que vous l'avez déjà reçu. Le subconscient se hâtera de réaliser la chose car l'état d'esprit de reconnaissance génère des vibrations positives qui mettent en marche la puissante machine qu'est le subconscient.

La puissance de la gratitude selon Wallace Wattles (tiré de « La Science de la Richesse en 17 leçons »)

« Vous croyez à l'existence d'une Substance intelligente dont procède tout ce qui existe, ensuite, vous croyez que cette substance vous accorde tout ce que vous désirez; et finalement, vous vous reliez à elle par le sentiment d'une gratitude profonde et sincère.

L'âme qui éprouve toujours de la gratitude est plus proche de l'Etre Suprême que celle qui ne lui témoigne jamais sa reconnaissance.

Nombreux sont ceux qui vivent une vie juste et bonne à tout égard et qui toutefois restent pauvres par manque de gratitude. Ayant reçu un bienfait de l'Univers, ils coupent les fils qui les relient à Lui, en oubliant de Le remercier. La gratitude nous permet donc d'établir une relation harmonieuse avec la Substance Universelle

Plus nous remercions le Suprême quand les bonnes choses nous arrivent, plus nous recevons de biens et à un rythme plus rapide. La raison en est toute simple :

L'attitude mentale de gratitude propulse l'esprit plus près de la Source de toutes les bénédictions.

quand vous remerciez et louez le suprême, votre esprit libère ou projette une force qui ne peut manquer d'atteindre Celui à qui elle s'adresse et dont la réaction est un retour d'énergie instantané vers vous.

Et si votre gratitude est forte et constante, la réaction de la Substance intelligente sera proportionnellement forte et constante; vous attirerez constamment les choses que vous désirez. votre pourvoir sera très limité sans gratitude; car c'est la gratitude qui vous connecte au pouvoir.

Sans gratitude, vous ne réussirez pas à échapper longtemps à l'insatisfaction face à la réalité de l'univers de concurrence.

Au moment même où le doute et la frustration s'insinuent dans votre esprit, vous commencez à perdre de l'altitude. Votre attention dérive vers ce qui est banal, ordinaire, sordide et mesquin; et votre esprit épouse les contours de ces choses. Vous communiquez ensuite ces formes ou ces images mentales à la Substance créatrice et, selon le principe d'action et de réaction, elle vous renvoie du banal, du pauvre, du sordide et du mesquin.

À l'opposé, si vous fixez votre attention sur le meilleur vous vous entourerez du meilleur et vous deviendrez meilleur.

La Puissance créative qui réside en chacun de nous, nous forme à l'image de ce à quoi nous accordons notre attention.

Nous sommes une Substance pensante et la substance pensante prend toujours la forme de ce à quoi elle pense.

L'esprit reconnaissant est constamment tourné vers le meilleur ; ainsi il tend à devenir meilleur ; il prend la forme ou le caractère du meilleur et il recevra, en retour, le meilleur.

De même, la foi naît de la gratitude. L'esprit reconnaissant anticipe toujours le bien et cette anticipation devient foi. L'effet produit par la gratitude est la foi ; et chaque acte de gratitude augmente la foi. Celui qui n'a pas le sentiment de gratitude ne peut garder une foi vivante ; et la méthode créative, dénuée de foi vivante, ne peut vous mener à la richesse, ainsi que nous le verrons dans les leçons suivantes.

Il est donc nécessaire de cultiver l'habitude de remercier pour chaque bonne chose qui vous arrive et de le faire continuellement ».

X - Etude d'un Cas pratique et le petit secret qui fait que ça marche.

Prenons l'exemple d'un jeune homme trentenaire, mariée à une femme et un enfant – un travail qui lui paie un salaire mensuel de 200.000 F. Ce jeune homme vit dans un appartement deux pièces sous-équipée d'une maison surpeuplée, roule un vieille moto, s'habille moyennement, s'accorde peu de loisirs avec sa famille, a des dettes d'environ deux million cinq cent mille Franc avec la banque qui lui prélève mensuellement le tiers de son salaire. Le jeune homme n'a pas d'épargne et se retrouve endetté presque tous les mois. Il n'a aucune possibilité de progression en carrière dans la petite entreprise qui l'emploie. Pour gagner plus, il pense devoir chercher du travail ailleurs, mais la situation économique n'est pas très favorable. Ses dépenses mensuelles actuelles sont :

- Dettes banques/mensuelles : 67.000 F
- Autres dettes/mensuelles : 25.000 (pour un total de 500.000 F)
- Loyer : 30.000 F
- Alimentation : 50.000 F
- Factures : 20.000 F
- Déplacement : 25.000 F
- Communication : 20.000 F
- Habillement : 10.000 F
- Santé : 10.000 F
- Loisirs : 15.000 F
- Soutien à ses parents : 20.000 F
- Soutien à sa femme : 20.000 F
- Dépenses pour l'enfant : 20.000 F

TOTAL : 332.000 F

Donc le jeune homme gagne 200.000 F par mois, mais il doit faire face à des dépenses de 332.000F tous les mois. Il a donc deux possibilités – soit réduire drastiquement ses dépenses pour tenir dans son salaire, soit contracté des dettes à chaque fin de mois pour compenser.

Mais il existe la troisième option qui est celle de la phrase magique, l'appel à son moi supérieur pour briser la barrière qui le maintien dans la médiocrité depuis des années, sans espoir de croissance. Supposons que ce jeune homme tourne fait du surplace, dans cette situation sans issue depuis bientôt deux ans et ne sait plus à quel saint se vouer pour avoir une vie conforme à ses rêves. Dans sa vie de rêve, il désire rouler une moto neuve, habiter dans un appartement moderne de trois pièces avec électroménagers (réfrigérateur, Micro-onde, cuisinière à gaz, écran Plasma, HI-FI), des meubles décents, etc. il désire s'habiller chic, bien nourrir sa famille et s'offrir des sorties en week-end avec sa femme et son enfant. Tous les besoins listés ci-dessus sont légitimes car c'est le minimum pour un jeune homme dans une ville moderne. Mais le jeune homme ne va pas se jeter sur son stylo et écrire tous ces besoins dans une seule phrase.

Souvenez-vous de l'histoire du jeune pauvre qui avait fini par devenir propriétaire : <u>il avait commencé progressivement.</u> Il avait d'abord commencé par acquérir de petites choses (tapis et poêle), <u>puis</u> est passé aux ameublements, <u>puis</u> à la structure même de la maison jusqu'à en devenir propriétaire. Je vous disais que l'erreur que faisait la plupart des personnes qui voulaient progresser financièrement avec la loi de l'attraction était de fixer des objectifs trop grands, tellement grands que leur subconscient ne l'acceptent pas et eux-mêmes n'y croient pas. Pourtant, <u>vous devez y croire avant que cela ne se réalise. Là se trouve le nœud.</u>

Ce jeune homme peut donc commencer légitimement par souhaiter de meilleurs revenus financiers car l'argent est important pour tout homme dans la communauté. Il peut ajouter une moto neuve et le bonheur de sa famille.

Donc il peut écrire une phrase du genre : « Je suis si heureux et reconnaissant car j'ai des revenus mensuels réguliers de 400.000 F tandis que je roule ma moto neuve et jouis d'un bonheur total en passant du bon temps avec ma petite famille. »

Dans cet exemple, le jeune homme met l'accent sur le revenu financier, la moto neuve et le bonheur familial. C'est une première étape qui focalise sur quelques éléments dans la longue liste de ses désirs. Dès que les premiers désirs auront été satisfaits, il pourra passer à une autre étape et exprimer d'autres désirs dans une autre phrase magique.

Le jeune homme après avoir écrit sa phrase sur une feuille de papier, en fait la lecture le matin au réveil et le soir au coucher. Après avoir lu, il ferme les yeux et se voit avec une fiche de paie cumulant un total de quatre cent mille francs. Il se voit retirer de l'argent au guichet de la banque – des coupures de billets neufs et craquants, qu'il compte posément jusqu'à atteindre le montant de 400.000 F. Il voit un reçu de la banque pour le montant mensuel qu'il paie pour la dette bancaire, puis il se voit avec le reçu du paiement de ses factures d'eau, électricité, GSM, etc. Il se voit entrain de remettre une somme équivalant à la dette privée à son créditeur, avec lequel il se voit en de très bons termes. Les deux se serrent les mains dans la visualisation du jeune homme.
Puis il se voit monter sur sa moto neuve dont le ronflement est différent de la vieille moto qu'il avait. Il roule dans les rue de la ville, s'arrête aux feux de signalisation, regarde les autres usagers de la route, redémarre traverse d'autres rues et rencontre

d'autres personnes, puis arrive chez lui. Sa femme lui ouvre le portail et il se voit entrer dans la maison – il gare sa moto puis pénètre dans son salon. La femme l'accueille avec le sourire et son enfant saute dans ses bras. Le salon est propre et les meubles, même vieux, sont bien rangés, propres et disposés avec soin. Il se voit s'asseoir à table pour déjeuner ou diner dans la bonne humeur avec son épouse – Puis il se revoit un week-end avec sa femme et son enfant sur la moto, en route pour la plage pour prendre du bon temps en famille ou aller voir un spectacle intéressant. Le jeune homme visualise tout cela avec sourire et satisfaction. Il est tellement emporté par sa visualisation que tout lui semble réel. Il a le sourire et son cœur bat de joie, comme celui qui a déjà réalisé son rêve.

Il fait cette sorte de visualisation pendant 31 jours, matin et soir, après avoir lu sa phrase magique. S'il arrivait qu'il oublie de le faire un certain jour, il recommence alors tout à zéro. Cela peut sembler contraignant au début, mais si vous persistez, la lecture de la phrase magique et de la visualisation deviennent un plaisir additif dont on ne peut plus se passer. L'avantage de cette habitude de reprendre à zéro est que vous devenez un expert en visualisation avec autant de pratiques. Les prochaines fois seront plus faciles et les démonstrations plus rapides. En effet, à force de pratiquer la même chose 10.000 fois, vous en devenez un expert. **Bruce Lee l'a dit : Je ne crains pas les 10.000 coups que tu connais mais que tu n'as pratiqué qu'une seule fois, mais j'ai peur à en mourir du seul coup que tu maîtrises et que tu as pratiqué 10.000 fois.** Et puis, que représente 10 minutes quotidiennes de cette pratique dans votre vie ? au vue des bénéfices considérables que vous en récolterez ? c'est un petit sacrifice pour de gros bénéfices.

Vous devez prendre du plaisir à payer vos factures. Autrement, vous envoyez dans l'univers des vibrations de frustrations. C'est tout comme si vous n'aviez pas les moyens de payer vos factures, ou encore comme si les compagnies vous volaient votre argent. Dès lors, votre subconscient fera tout ce qui est en son pouvoir pour que le paiement des factures soit très compliqué pour vous.

Revenons donc à notre jeune homme pour conclure. C'est donc ainsi que se déroule le scénario de la visualisation. Le jeune ne se demande pas d'où lui viendra l'augmentation salariale ni comment acquérir les différentes choses telles que la moto neuve, l'électroménager, les meubles, etc. Tout son travail c'est de demander, puis de croire qu'il a déjà reçu. L'univers s'occupe du reste. Le Grand Radar Universel est beaucoup plus puissant que votre petite vision limitée. L'univers sait comment capter toutes les opportunités pouvant satisfaire vos désirs. Le Grand Radar sait aussi comment ramener les opportunités dans votre expérience de vie. Je le répète, **le comment n'est pas votre travail.**

Seule l'identification de nos besoins et la visualisation, avec la foi ferme que nous avons déjà reçu les choses demandées sont de notre ressort. Si nous faisons bien ce travail préliminaire, l'univers se chargera de jouer sa partition et nous serons surpris du résultat. Vous demanderez ce qu'il en est du travail à proprement parler ! Le jeune homme va -t-il juste demander et aller se coucher ? l'argent va-t-il tomber pas du ciel ? etc. Et c'est là où réside la magie de la phrase magique qui a été baptisé ainsi à dessin.

Le jeune homme possède déjà un travail. Maintenant qu'il est dans l'état d'esprit de l'homme en croissance, sa manière de parler et de travailler va changer. Il fera son travail avec plus d'amour, plus de concentration. Il fera son travail avec un dévouement jamais vu. Le jeune mettra tout son cœur dans son ouvrage de tous les jours comme si c'était Dieu son employeur et que ce Dieu voyait tout ce qu'il faisait à la seconde près. Alors comme un serviteur fidèle, il rendra chaque jour les clients et ses interlocuteurs heureux, son patron sera heureux et ses collègues vont se demander ce qui lui arrive. Ce faisant, le jeune homme est juste en train de croître. Il doit devenir plus grand que le poste qu'il occupe et lorsque cela arrivera, l'univers se chargera de le placer dans un endroit conforme à son nouveau statut d'homme en croissance. L'univers ne nous donne pas en fonction de nos diplômes, nos relations, notre force de persuasion, notre énergie au travail, notre héritage, notre bagage intellectuel, etc. L'univers nous donne en fonction de nos ressentis, de nos émotions, de nos vibrations, **de notre foi que nous l'avons déjà obtenu**. La preuve en est que les hommes les plus riches dans plusieurs pays n'ont pas fait de grandes études. Ce sont pour la plupart des self made men, qui n'ont presque jamais mis les pieds à l'université. Leur seule leur motivation était de devenir quelque chose dans la vie, vue qu'ils manquaient de tout. Ce sont eux qui deviennent les employeurs des intellectuels.

La plupart du temps, dans le système des entreprise ou de l'administration, vous ne recevez une nomination que lorsque vous êtes devenu plus grand, plus important que votre poste actuel - lorsque vous avez fait tout ce qu'il y avait à faire au poste précédent et que ce poste est devenu trop petit pour votre valeur.

Voyez-vous la chose ? en mettant de l'amour dans notre travail de tous les jours, nous grandissons, nous progressons et alors l'univers s'ajuste à notre nouvelle dimension et nous envoie ce que mérite notre nouvel état mental. C'est cette attitude qui doit accompagner la visualisation, sinon vous serez juste un rêveur. Lorsque nous faisons notre travail avec foi, détermination et application, sans esprit de concurrence, mais juste pour le goût du travail bien fait, nous aurons accompli l'autre recommandation du Christ : « Si l'on te demande de marcher un mile, marche en deux ». En faisant plus que ce qu'on attend de nous, l'employeur est fier de nous, les clients nous recommandent à d'autres clients, l'univers s'arrange pour nous mettre dans une position où nous pourrons continuer à croitre et être encore plus utile au plus grand nombre car c'est l'amour qui est la principale force qui soutient la croissance dans ce monde. Et la richesse vient du même service rendu à un grand nombre.

Toute personne peut changer sa vie avec la phrase magique. La personne modélise ses désirs légitimes, les visualise puis met tout son amour dans ses échanges, transactions et relations d'affaires avec les autres humains. S'il continue ainsi dans son travail de tous les jours, il deviendra plus grand que la place qu'il occupait auparavant. Alors l'univers et tous les éléments qui le composent s'arrangeront pour lui envoyer les ressources nécessaires pour une meilleure expression de lui-même et pour qu'il continue de rendre de meilleurs services pour le bien de tous.

Voilà comment fonctionne la phrase magique. Je l'ai essayé et en 18 mois, mes revenus ont été multiplié par quatre et mes rêves les plus chers sont en train de devenir réalité. Elle fonctionne aussi pour la santé, le travail, les relations humaines, etc.

Essayez aussi. L'amour est la clé de voûte de tout progrès humain.

XI - REPONSES A DIVERSES QUESTIONS SUR LA PHRASE MAGIQUE

1. La phrase magique est comme un Kata (combinaison de mouvements ou phase de combat en Judo). C'est un ensemble cohérent de souhaits, mais élaborés et agencés de façon agréable et digeste pour le subconscient.

Nous avons souvent une longue liste de désirs urgents. Cependant il est nécessaire de sélectionner ceux qui nous semblent prioritaires et les écrire comme un ensemble facile à appréhender et à visualiser afin d'en imprimer la réalité sur notre subconscient.

2. Vous résumez vos désirs immédiats dans une phrase. Il est recommandé qu'elle soit constituée de trois éléments :

- Argent (salaire, chiffre d'affaires, revenus de freelance etc)

- Possession de valeur (maison, voiture, moto, voyage, etc.)

- Etat d'esprit de bien-être (bonheur, santé, amour, etc.

3. Pour résumer ce que j'appelle postulats de base, c'est que :

- l'homme est créé à l'image et à la ressemblance de Dieu. En tant qu'image du Divin créateur, l'homme est toujours en sécurité et hors d'atteinte de tout problème. Avant de nous atteindre, c'est que le problème a déjà atteint Dieu qui est l'original.

4. Lorsque le "problème" se pose, prenez d'abord votre calme et sachez que vous attirez à vous les choses sur lesquelles sont orientées vos pensées. Si la peur s'installe en vous, ce que vous appelez problème va s'aggraver car vous attirez ce sur quoi repose vos pensées.

Alors tournez les pensées vers la solution, rien que la solution que vous souhaitez voir se manifester.

L'enfant poursuivi par la foule et qui parvient à franchir le portail de la maison pour se réfugier dans les bras de son père ne craint plus rien.

Souvenez-vous toujours que vous êtes toujours en sécurité dans la conscience de votre Père, Dieu, et là dans sa conscience, aucun mal ne peut vous atteindre.

Le problème est comme un nuage qui prétend éteindre le soleil. Ce n'est qu'une illusion.

5. Nous devons faire la lecture de la Phrase Magique et visualiser pendant 31 jours.

6. **Question** : Si je scinde mes désirs en des périodes semestrielles, est-ce que juste après lecture et visualisation sur la première période, je peux automatiquement passer à la lecture et la visualisation sur la période 2 où il faut attendre la réalisation des évènements de la période 1 avant de passer au 2?

Reponse : Faites attention à ne pas fixer de délais pour la réalisation des choses. Lorsque je dis les désirs sur 6 ou 12 mois, c'est juste pour parler de vos besoins urgents. La liste des besoins est parfois longue et pressante. Par exemple la scolarité des enfants s'étale sur neuf mois - manger est un besoin quotidien - un meilleur salaire est un besoin mensuel - payer le loyer est mensuel, nourrir l'enfant est un besoin immédiat – La femme qui veut être féconde a un besoin immédiat.

Voyez-vous ? Lorsque vous écrivez votre Phrase, c'est le résumé des désirs immédiats ou à échéances mensuelles. Et vous ne passez à une autre phrase, une autre visualisation que lorsque la première phrase est atteinte, entièrement ou en partie. Lorsqu'elle n'est atteinte qu'en partie, vous pouvez reformulez autour de la partie restante en y ajoutant une nouvelle chose.

XII- QUELQUES RECOMMANDATIONS FINALES

Des amis chrétiens m'ont reproché de trop orienter mes enseignements sur la manière de devenir riche et que d'autres sujets tels que la maitrise de soi, la joie, la sainteté, la simplicité, la foi, l'amour, le pardon, etc méritent aussi d'être enseignés.

Je ne nie pas que j'aime l'argent. J'aime parler d'argent. J'aime apprendre comment en gagner - parce que j'ai été un chrétien pauvre et j'ai été un chrétien riche aussi - et sincèrement, je préfère être un chrétien riche. Je préfère tout simplement la richesse car elle me rend meilleur chrétien.

Plusieurs religieux confondent souvent l'amour effréné de l'argent et l'envie légitime de créer des richesses et cela les amène à mal parler de l'argent. Les chrétiens ont aussi un peu de mal avec les enseignements de développement personnel relatifs à la prospérité ou création de richesse car plusieurs vivent encore dans la crainte de Dieu qui n'apprécierait pas les hommes matérialistes. Des versets de la Bible tels que :

-   Tu aimeras l'Eternel, ton Dieu, de tout ton coeur, de toute ton âme et de toute ta force. - Deutéronome 6:5
-   Parabole du pauvre Lazare et de l'homme riche - Luc 16 : 19-31
-   Parabole du chameau : Il est plus facile à un chameau de passer par le trou d'une aiguille qu'à un riche d'entrer dans le royaume de Dieu – Marc 10 :25
-   Cherchez premièrement le royaume et la justice de Dieu; et toutes ces choses vous seront données par-dessus : Matthieu 6 :33
-   Heureux les pauvres en esprit, car le royaume des cieux est à eux! : Matthieu 5 : 3

Les explications métaphysiques à tous ces versets à tous ces versets seront donnés dans une prochaine publication à paraître. Mais retenez que faire du mal pour acquérir la richesse est un péché condamnable. De l'autre côté, cherchez la richesse de façon légale, morale et sans faire de mal à qui que soit ne peut être condamné par Dieu. Dieu a richement béni tous les héros de la Bible qu'il a aimé. Abraham, Isaac, Jacob étaient des milliardaires de leur époque. Si vous ne me croyez pas, évaluez les possessions de cheptel de ces hommes en valeurs numéraires, au cours de la vie d'aujourd'hui. C'est l'Eternel qui donne la richesse et il ne la fait suivre d'aucune souffrance.

Jésus était à l'abri du besoin

Même Jésus dont les chrétiens mettent la « pauvreté » en avant ne vivait pas du tout comme un pauvre. Il avait la conscience de la richesse. Jésus était l'ami de plusieurs riches personnes dont entre autres :

-   Zachée le publicain.

- Pierre le Pharisien chez qui il allait souvent dîner.
- Joseph d'Arimathée qui lui offrit une sépulture.
- Anne et Marie les sœurs de Lazare qui étaient de la bourgeoisie de l'époque. Car une grande foule pleurait dans leur maison à l'occasion du décès et des funérailles de Lazare. Vous convenez avec moi que ce n'est que la mort des personnes dans des familles nanties qui attirent des foules. Si Lazare et ses sœurs étaient pauvres, presque personne ne serait venu consoler ses sœurs. Les riches ont beaucoup de relations car leur richesse les met au centre de plusieurs échanges.
- Le chef de la Synagogue dont Jésus ressuscita la fille.
- Nicodème, le Pharisien qui vint voir Jésus de nuit.
- Jésus et ses disciples avaient une bourse (une caisse) d'où ils tiraient même des ressources pour aider les pauvres.
- Lorsque Jésus fut crucifié, les soldats Romains se tirèrent au sort ses vêtements. Pensez-vous que des colons venus d'aussi loin vont se partager les vêtements d'un colonisé si lesdits vêtements n'étaient pas de grande valeur ?

<u>Pas de société prospère sans argent</u>

Et si vous êtes toujours réticent à travailler pour votre bien-être financier, considérez la chose suivante : Sans l'argent que vous dédaignez,

- il n'y aurait pas d'école pour une bonne instruction à vos enfants
- il n'y aurait pas d'hôpitaux pour vous soigner – car il faut construire l'hôpital, acquérir le matériel et payer les médecins et infirmiers.
- Il n'y aurait pas de taxis dans la circulation.
- Il n'y aurait pas d'avions ni bateaux pour le transport des passagers et des marchandises pour satisfaire nos besoins au quotidien.
- Il n'y aurait pas d'usines pour fabriquer tous les biens de première nécessité tels que la pâte dentifrice, la brosse à dents, toutes sortes de tissus, des chaussures, des vêtements, les cahiers, le ciment, les fers à béton, les moyens de transport, les canaux de communication, etc.
- Pas de maisons confortables pour offrir la sécurité à vous et votre famille contre la pluie, le soleil et autres intempéries.
- Pas de banques pour vous faire des prêts pour vos projets d'entreprise – et généralement, les riches obtiennent des prêts à moindres coûts dans les banques tandis que les pauvres vont prendre des prêts à des taux variant de 50 à 150% auprès des usuriers.
- Pas de laboratoires pour rechercher et mettre sur le marché des médicaments de qualité.
- Pas de nourritures de bonne qualité

- Etc.

Un enfant de Dieu ne doit pas être une charge sociale car cela ne rend pas gloire à Dieu

L'argent des riches sert à faire tout ce que j'ai cité dans le paragraphe précédent. Et si par contre, c'est l'Etat qui construit les écoles, routes, hôpitaux, centres sociaux et espaces de loisirs, il le fait avec les impôts payés par les citoyens. Vous convenez avec moi qu'un pauvre qui ne produit aucune richesse ne paie aucun impôt et donc qu'il est plutôt pris en charge par la société. Alors si vous demeurez pauvre et pris en charge, quelle gloire Dieu peut-il en tirer ? Quelle gloire Dieu peut-il tirer d'un homme qui doit vivre de prêts et de dons de la société ? Cet homme est-vraiment à l'image et à la ressemblance de Dieu ? Personne ne prend Dieu en charge. L'homme, fait à son image et à sa ressemblance ne peut donc être un être humain pris en charge parce qu'il est à la traîne dans la société et manque du minimum vital.

La pensée qui aime Dieu est la pensée qui aime le prochain.

Et pour avoir les ressources financières, vous ne pouvez utiliser que votre pensée. **Et aimer Dieu de toute votre pensée** (car certains croient que penser à l'argent c'est ne pas aimer Dieu de toute sa pensée), **c'est aimer son prochain**. En effet tu ne peux pas dire que tu aimes Dieu alors que tu n'aimes pas ton prochain que tu vois car ce prochain est à l'image de Dieu. **Aimer son prochain et lui faire du bien, c'est aimer Dieu**. Rester pauvre et ne rien pouvoir faire pour assister son prochain n'est pas vraiment aimer Dieu. L'argent n'est pas le seul élément qui permette d'aider les prochains, mais si tout le monde se contentait d'appeler, prendre des nouvelles ou passer du temps avec l'affligé, d'où ce dernier tirera-t-il les ressources pour traverser la période d'affliction ?

L'argent un bon serviteur de l'Eglise

L'argent est un bon serviteur et il a ses propres vibrations. Si vous parlez mal de l'argent, il vous fuira. Si vous parlez mal des riches, l'argent vous fuira également. En effet, la richesse permet de :

- Construire les Eglises,
- Imprimer les Bibles et les livres religieux pour l'édification des chrétiens,
- Payer le salaire des pasteurs et des prêtres
- Entretenir l'Eglise et les œuvres sociales,
- Organiser les campagnes d'évangélisation,
- Equiper l'Eglise et étendre ses activités,
- Etc.

Si tous les chrétiens étaient pauvres, les Eglises auraient déjà fermé car sans salaires, les pasteurs seraient allés sur le marché du travail pour rechercher un boulot où seraient occupés à un commerce qui puisse mieux les nourrir que l'Eglise.

Si vous changez votre perspective des services que rend l'argent, vous vous rendez compte que l'argent est l'un des meilleurs serviteurs que l'humanité puisse avoir. Connaître la science de l'argent est aussi important que connaître la spiritualité, l'informatique, la biologie, les sciences, la physique, la cordonnerie, la conduite de voiture, la science politique, l'agronomie, l'administration publique, la justice, etc.

Savoir comment créer la richesse est une étude noble, de première importance que tout homme qui aime Dieu devrait apprendre et maitriser.

Deux témoignages de visualisations tirés du livre du Dr Joseph Murphy « Croyez en vous-même »

Première Histoire

« … A ces débuts, un grand industriel ne possédait qu'un petit magasin. Mais il avait l'habitude de rêver d'une grande entreprise, possédant des succursales partout dans le pays. Il imaginait régulièrement et systématiquement le grand édifice, les bureaux, les usines et les magasins. Sachant que par l'alchimie de l'esprit, se tissait l'étoffe à partir de laquelle ses rêves se réaliseraient. Cet homme a prospéré et a commencé à attirer à lui, grâce à la loi universelle de l'attraction, les idées, le personnel, les amis, l'argent et ce dont il avait besoin pour réaliser son rêve. Il exerçait et cultivait vraiment son imagination, vivant avec ses modèles mentaux jusqu'à ce qu'elle leur donne forme… »

Il est tout aussi facile de vous imaginer remportant du succès qu'il l'est d'imaginer l'échec et c'est beaucoup plus intéressant (d'imaginer le succès).

Seconde Histoire

« … une jeune dame était engagée dans une affaire de poursuite judiciaire compliquée qui persistait depuis cinq (05) ans. Les ajournements se succédaient sans aucune date de conclusion en vue. Sous les suggestions du Dr Murphy, elle imaginait un scénario très clair où elle menait une discussion animée avec son avocat à propos du dénouement de l'affaire. Elle posait des questions à son avocat et il répondait adéquatement. Puis elle a résumé toute l'affaire en seule phrase comme nous le suggérons dans notre phrase magique de l'EDIH. Sa phrase était la suivante : ''*Nous avons trouvé un solution parfaite et harmonieuse. L'entente est réglée hors court* ''. Elle se répétait continuellement cette phrase. Elle contemplait son image mentale chaque fois qu'elle avait un moment libre. Pendant qu'elle buvait une tasse de café au restaurant ou prenait sa pause au travail, elle revoyait son film mental, gestes, voix et bruits inclus. Elle imaginait facilement le son de la voix de son avocat, son sourire et sa gestuelle. Elle s'est repassée ce film mental tant de fois qu'il est devenu un modèle subjectif, une voie toute tracée… »

Les auteurs qui nous ont inspiré :

- **Micheline Adjovi** : auteur de « J'ai vaincu parce que j'ai cru »
- **Wallace Wattles** : auteur de « la Science de la Richesse en dix-sept leçons »
- **Mary Baker Eddy** : auteur de « Science et Santé avec la clé des Ecritures »
- **Charles Hannel** : auteur du « Système Clé universel de Succès »
- **Kevin Trudeau** : auteur de « Votre désir est votre ordre »
- **La Bible**

A propos de l'EDIH

L'école pour le Développement Intégral de l'Homme a commencé en 2018 comme un forum WhatsApp où des hommes et femmes de divers horizons et backgrounds professionnels se sont mis en ensemble pour partager des connaissances en développement personnel. Leur but était de trouver un moyen sûr, une approche scientifique pour enfin être heureux et satisfaire tous leurs besoins légitimes sur tous les plans, sans tâtonner entre plusieurs doctrines.

leurs différentes recherches ont donné une méthode appelée « Phrase magique ». plusieurs l'ont essayé et ont été satisfaits.

C'est votre tour à présent.

Ecrit Par Edmond NANOUKON Msc.D

Une production de l'Ecole pour le Développement Intégral de l'Homme (**EDIH**)

Contact : contact@edih1.com

Sommaire